MW01165324

to my friend,

(Weiblich/feminine)

german edition

von Freya Winters

To My Friend, (Weiblich/feminine) German Edition Copyright © 2024 von Freya Winters. Alle Rechte vorbehalten. Kein Teil dieses Buches darf ohne schriftliche Genehmigung in irgendeiner Form verwendet oder vervielfältigt werden, es sei denn, es handelt sich um Nachdrucke zu Rezensionszwecken.

Dieses Buch ist für:

_____

Einführung:

Wenn du diese Zeilen liest, hat dir vermutlich jemand
dieses Buch geschenkt, der dich sehr schätzt.

Die Worte in diesem Buch wurden mit Bedacht gewählt,
um dir zu zeigen, wie viel Liebe, Dankbarkeit und
Bewunderung ich für dich, meinen liebe Freundin,
empfinde.

Du spielst in meinem Leben eine unersetzbare Rolle, und
ich möchte dir sagen, wie dankbar ich bin, dass du immer
für mich da bist.

Auch wenn Worte manchmal nicht alles ausdrücken
können, hoffe ich, dass diese Seiten dir ein Gefühl dafür
geben, wie wichtig du mir bist.

Während du die Seiten durchblätterst, hoffe ich, dass
du liebevolle Botschaften findest, die dir ein Lächeln ins
Gesicht zaubern und dein Herz berühren.

Ich schenke dir dieses Buch mit all meiner Liebe, und
ich hoffe, dass die Gefühle, die darin stecken, dich tief in
deinem Herzen berühren.

Mit all meiner Liebe,

....

TAG 1

Das Besondere an unserer Freundschaft ist, dass
es keine Eifersucht gibt – nur Anerkennung,
Ermutigung und gegenseitigen Stolz. Kein
Wettbewerb; wir wachsen sowohl individuell als
auch gemeinsam. Wir ergänzen uns perfekt. Der
sichere Raum, den wir zusammen geschaffen haben,
ist einzigartig, und ich bin stolz darauf, dass wir
eine so wunderbare Freundschaft gepflegt haben.

Auf unsere gemeinsame Zukunft!

TAG 2

Mach weiter so und gehe mit deinem schönen, reinen Herzen durchs Leben. Der positive Einfluss, den du allein durch deine bloße Anwesenheit auf andere hast, ist unvergleichlich. Glaub mir, ich habe es selbst gesehen.

Du kannst wirklich stolz auf dich sein.

TAG 3

Falls du jemals Zweifel hast, denk daran, dass ich immer hier bin und dich anfeuere. Ich habe absolut keinen Zweifel daran, dass ich dein größter Fan bin und du alles verwirklichen wirst, wovon du träumst. Ich weiß es einfach. Du bist stark, widerstandsfähig und wirklich für Großes bestimmt. Es ist ein wahres Vergnügen, dich aufblühen zu sehen.

TAG 4

Die Wahrheit ist:

Du hast Teile meiner Seele berührt, von denen ich nie gedacht hätte, dass jemand sie jemals erreichen könnte.

TAG 5

Danke, dass du mir nie das Gefühl gibst, nur geduldet zu werden. Danke, dass du mich in jeder Situation willkommen heißt und immer hinter mir stehst, selbst wenn ich nicht anwesend bin. Danke, dass du für mich eintrittst, an guten Tagen und auch an jenen, an denen die Welt zu viel erscheint. Danke, dass du mich genauso annimmst, wie ich bin, und mir den Raum gibst, um zu atmen, zu wachsen und zu der Person zu werden, die ich sein kann. Du zeigst mir, dass ich wirklich einen Raum erhelle, wenn ich ihn betrete. Danke, dass du da warst, als ich kaum die Kraft hatte, für mich selbst da zu sein, und mir gezeigt hast, dass ich all das Schöne dieser Welt verdiene.

Danke für alles.

to my friend, (Weiblich/feminine) german edition - freya winters

TAG 6

Ich weiß, dass du das schon weißt, aber:

Du kannst jederzeit mit mir über alles reden, wirklich über alles. Nichts ist tabu, und ich werde alles tun, um in dem Moment die Person zu sein, die du brauchst. Deine Geheimnisse sind bei mir sicher, und ich verspreche, immer in deinem besten Interesse zu handeln.

Ich halte dir immer den Rücken frei.

TAG 7

Du bist nicht auf dieser Welt, um still zu sein, übersehen zu werden oder zum Schweigen gebracht zu werden. Du bist hier, um das Leben in all seinen Facetten zu erfahren, wie auch immer das für dich aussehen mag. Lass dich nicht von den Erwartungen anderer von deinem eigenen Weg abbringen.

TAG 8

Du bist für mich mehr als nur eine Freundin... du bist Familie. Ein Teil meines Herzens, meines Lebens und meiner Seele. Du bist Teil meiner Zukunft, meiner Ziele und Träume. Ich sehe uns in allem, was ich tue. Unsere Verbindung ist wirklich etwas Besonderes.

Ich liebe unsere Freundschaft.

TAG 9

Wenn du dich einmal überfordert fühlst, erinnere dich daran, dass du nicht alles sofort lösen musst. Wirklich nicht. Es gibt keinen Grund zur Eile. Eile ist nicht nötig, besonders nicht bei den Dingen, die tief in deiner Seele verankert sind. Gib deinem Geist eine Pause und gönn dir selbst Ruhe. Du machst das großartig, und selbst wenn du es gerade nicht siehst, weil du so sehr auf das fokussiert bist, was du noch nicht geschafft hast – du rockst das Leben. Vertrau deinem Weg ein wenig mehr.

TAG 10

Ich glaube fest daran, dass Seelen sich nicht zufällig begegnen. Diese Freundschaft sollte so sein. Sie war vorherbestimmt. Wir waren immer dazu bestimmt, Seite an Seite zu stehen, unglaubliche Dinge zu erleben und so lange zu lachen, bis es weh tut.

Diese Freundschaft ist Schicksal, das weiß ich.

TAG 11

Vergiss nie, dass du es verdienst, die Liebe deines
eigenen Lebens zu sein.

Du bist es wert, bedingungslose Liebe, Freundlichkeit
und Mitgefühl zu erfahren – und die erste Person,
die dir all das geben sollte, bist du selbst.

TAG 12

Seit du in mein Leben getreten bist, lache ich so viel mehr. Jedes Mal, wenn wir uns verabschieden, habe ich ein Lächeln im Gesicht, das den ganzen Tag anhält. Deine Anwesenheit schenkt mir einen Frieden, den ich zuvor nie gekannt habe. Danke, dass du alles ein wenig heller machst.

Das Leben ist einfach schöner, wenn du in der Nähe bist.

TAG 13

Was ich an unserer Freundschaft am meisten schätze? Wie viel Spaß wir haben. Mit dir wird selbst das Alltäglichste besonders.

Ich bin sicher, selbst wenn wir einen Tag auf einer Müllhalde verbringen würden, hätten wir eine grandiose Zeit.

TAG 14

Dieses Jahr wird dein Jahr. Ich weiß es einfach. All die Arbeit, die du in dich selbst investierst, wird sich auszahlen. Niemand macht es so wie du. Ich hoffe, dass du tief in deinem Innersten stolz auf dich bist. Bald wird alles noch viel besser.

Und falls nicht, werde ich ein ernstes Wörtchen mit dem Universum reden – ich akzeptiere nichts Geringeres, als dass du vollständig aufblühst.

TAG 15

Du hast mir durch einige meiner dunkelsten Zeiten geholfen. In den Momenten, in denen ich jegliche Hoffnung und Freude verloren hatte, warst du da. Du hast geduldig an meiner Seite gewartet, meine Hand gehalten und mir versprochen, dass es besser wird – und das ist es auch.

Ohne dich hätte ich diese Hoffnung nicht gehabt. Du hast keine Ahnung, wie sehr du mein Leben positiv beeinflusst hast.

Ein „Danke" ist eigentlich nicht genug.

TAG 16

Sag dir heute diese Affirmationen:
Ich habe alles, was ich brauche, in meiner Seele. Meine Träume sind es wert, geträumt und daran geglaubt zu werden.
Ich habe unendlich viele Gründe zu lächeln. Wohlstand sucht danach, in mein Leben zu treten.
Mein Erfolg und mein Glück sind unvermeidbar.
Ich bin glücklich. Ich bin eine Gewinnerin.
Meine Seele strahlt.

TAG 17

Niemand könnte dich jemals ersetzen.

TAG 18

Schlechte Tage gehören zu einem wirklich guten Leben einfach dazu. Selbst die Menschen, die den Anschein erwecken, alles im Griff zu haben, haben ihre schlechten Tage. Lass dich von niemandem täuschen.

Ein schlechter Tag definiert nicht dein Leben.

TAG 19

Ich möchte, dass du weißt, dass du mir nie etwas
schuldig bist. Es gibt keine unausgesprochenen
Erwartungen oder Verpflichtungen. Keine
Aufrechnungen oder unrealistischen Maßstäbe. Dies
hier ist eine echte, authentische Freundschaft. Lass
uns versprechen, immer ehrlich und vertrauensvoll
miteinander umzugehen. Unsere Freundschaft ist
gesund und wird weiter wachsen, wenn wir daran
arbeiten.

Ich liebe, was wir haben.

to my friend, (Weiblich/feminine) german edition - freya winters

TAG 20

Gehe mit voller Kraft auf deine Träume zu. Lass dich nicht von unwichtigen Dingen ablenken. Vergeude keine Zeit mit Nebensächlichkeiten. Behalte dein Ziel klar vor Augen, meine liebe Freundin. Du bist so nah dran. Halte an deiner Leidenschaft fest, und ich verspreche dir, es wird sich lohnen.

TAG 21

Stell dir folgendes vor:

Es sind 10 Jahre vergangen, und wir haben alles erreicht, was wir uns jemals vorgenommen haben – und noch mehr. Wir haben unsere kühnsten Träume übertroffen und uns in einer Weise weiterentwickelt, die uns selbst überrascht hat. Jeder von uns hat ein Zuhause, das perfekt unsere Persönlichkeiten widerspiegelt: warm, gemütlich, voller Licht und Liebe. Wir sitzen zusammen in der Sonne, planen den nächsten epischen Urlaub, feiern unsere Erfolge und unterstützen uns gegenseitig durch alle Höhen und Tiefen. Auf unserem Weg haben wir unglaubliche Chancen entdeckt, von denen wir nie zu träumen gewagt hätten.

Wir haben hart daran gearbeitet, eine gesunde, liebevolle und tiefgründige Freundschaft zu pflegen, die über all unsere Träume hinausgewachsen ist.

Wir haben es geschafft. Durch schwere Zeiten hindurch sind wir stärker geworden als je zuvor.

Und das Beste daran? Wir haben es gemeinsam geschafft. Auf unsere strahlende Zukunft!

Wir packen das.

TAG 22

Ich hoffe, ich war für dich auch nur
annähernd so ein guter Freund, wie du
es für mich gewesen bist.

TAG 23

Sei achtsam mit deinen Gefühlen. Wähle und priorisiere die Dinge, die dein Herz mit Freude erfüllen. Verschiebe dein Glück nicht auf später. Handle jetzt und erlebe es.

Du verdienst es, in jedem Bereich deines Lebens Positivität zu spüren.

TAG 24

Zu sagen, dass du mein Leben verändert hast, wäre
eine Untertreibung.

Es gibt keine Worte, die wirklich ausdrücken
können, wie tief dankbar ich bin, dass sich unsere
Wege gekreuzt haben.

TAG 25

Eines Tages wirst du aufwachen, und die Last, die du so lange getragen hast, wird verschwunden sein. Die Sorgen, die dein Herz und deinen Geist belastet haben, werden sich auflösen, und du wirst wieder tief durchatmen können. Was auch immer du gerade durchmachst – es ist nicht für immer.

Lass deinen Verstand dir nicht vorgaukeln, dass du nie wieder Frieden finden wirst.

TAG 26

Du bist die erste Person, mit der ich auf einer
so tiefen Ebene resonieren konnte. Es ist selten,
jemanden zu finden, der mehr als oberflächliche
Verbindungen sucht. Die Tatsache, dass ich
dich unter all den Zeitverschwendern und
Unaufrichtigkeiten gefunden habe, fühlt sich
unglaublich besonders an.

Ich werde diese Freundschaft mit meinem Leben
beschützen.

TAG 27

Tu es für dein inneres Kind. Tu es für die kleine Version von dir, die Liebe, Zärtlichkeit und Güte verdient hat.

Für die kleine Version von dir, deren Träume so groß waren, dass sie kaum vorstellbar waren. Tu es für die kleine Version von dir, die es kaum erwarten kann, dich Großes erreichen zu sehen.

TAG 28

Meine liebe Freundin, danke, dass du...

...regelmäßig nach mir schaust,

...mich so richtig zum Lachen bringst (diese tiefen, echten Lachanfälle),

...eine aktive Zuhörerin bist, die immer versucht, mich zu verstehen,

...mit mir kleine und große Erfolge feierst,

...meinen persönlichen Raum respektierst,

...tiefgründige Gespräche führst,

...die angenehme Stille ohne Erwartungen schätzt,

...meine Sätze beendest (wir sind so im Einklang),

....mir zeigst, was wahres Vertrauen bedeutet,

...mir vorlebst, was gesunde Freundschaft wirklich ist.

Danke, dass du der beste Mensch bist, den ich je getroffen habe.

TAG 29

Diese Freundschaft ist eine Verbindung, die wir nicht in Worte fassen können. Sie übersteigt jede Logik. Es ist etwas, das man nur tief in unseren Seelen spüren kann – ein Band, das sich jeder Erklärung entzieht.

Ich liebe unsere Freundschaft so sehr.

to my friend, (Weiblich/feminine) german edition - freya winters

TAG 30

Ich hoffe, wir bleiben Freunde, bis wir beide alt und grau sind. Ich hoffe, dass wir, wenn es jemals Missverständnisse gibt, immer den Mut haben werden, sie anzusprechen und zu klären. Ich hoffe, wir werden uns stets bemühen, einander zu verstehen, zu vergeben und mit Geduld und bedingungsloser Liebe weiterzugehen. Und ich hoffe, wir planen noch viele schöne Urlaube, wenn wir reich sind. Unsere Zukunft wird hoffentlich voll von Tränen des Lachens über die verrücktesten Situationen sein.

Ich wünsche uns, dass wir alles haben, was wir uns jemals erträumt haben – und noch mehr.

TAG 31

Weißt du was? Ich habe den Freundschafts-Jackpot geknackt. Ich. Ich habe gewonnen.

Du bist der Inbegriff von Freundschaft. Niemand ist besser als du. Daran habe ich keinen Zweifel. Du bist die Beste der Besten.

TAG 32

So viele (und ich meine wirklich, so viele) meiner schönsten Erinnerungen habe ich mit dir geteilt.

Wir könnten ein ganzes Buch nur mit unseren Abenteuern füllen.

TAG 33

Ich möchte dich einfach daran erinnern, dass du
unendlich viele Gründe hast, glücklich zu sein. Der
wichtigste Grund ist, dass du du bist – jemand, zu dem
ich aufschaue, den ich bewundere und für den ich tiefen
Respekt empfinde. Du inspirierst die Menschen um
dich herum mehr, als du es je begreifen wirst.

Du bist etwas ganz Besonderes.

TAG 34

Diese Freundschaft ist so gut, dass es fast schon unvorstellbar ist. Ich habe noch nie jemanden getroffen, der so perfekt zu mir passt wie du.

Du setzt die Messlatte einfach viel zu hoch.

TAG 35

Vergiss bitte nie, dass hier immer eine riesige Umarmung auf dich wartet, wann immer du sie brauchst.

TAG 36

Du verdienst eine Liebe, die sich wie ein ewiger Sommer anfühlt. Eine Liebe, die dich sanft umhüllt, sodass du kaum bemerkst, welchen Einfluss sie hat, aber dennoch erkennst, wie rein sie ist. Eine Liebe, die dich zum Lachen bringt, auch wenn dir nach Weinen zumute ist. Eine Liebe, die deine Erfolge feiert und dich ermutigt, deine Ziele zu erreichen. Eine Liebe, die die Tränen des Glücks wegküsst und dich sicher und geborgen fühlen lässt.

TAG 37

Wiederhole diese Affirmationen:

Alles geschieht so, wie es sein soll. Ich bin vollkommen im Einklang mit meinem Zweck und meinen Zielen. Ich ziehe das Gute an. Positive Energie findet immer ihren Weg zu mir. Ich bin unendlich dankbar für die Luft in meinen Lungen. Ich vertraue dem Prozess.

to my friend, (Weiblich/feminine) german edition - freya winters

TAG 38

Das Besondere an dir ist, dass du immer mit erhobenem Kopf durchs Leben gehst. Du lässt dich von den kleinen Dingen nicht aus der Ruhe bringen. Du strahlst Selbstvertrauen, innere Ruhe und Offenheit aus. Deine Stärke und dein Durchhaltevermögen sind wirklich bewundernswert. Dein Herz ist rein, warm und voller Mitgefühl. Du bist eine Inspiration für alle um dich herum, auch wenn dir das vielleicht gar nicht bewusst ist.

Alle sollten ein bisschen mehr wie du sein.

TAG 39

So viel Gutes kommt auf uns zu, ich spüre es von Kopf bis Fuß. Wir haben so viel, worauf wir uns freuen können, auch wenn wir vielleicht noch nicht genau wissen, was das ist. Dieser Monat ist unser Monat. Dieses Jahr ist unser Jahr. Dieses Leben ist unser Leben. Lass uns unsere Herzen für die Fülle öffnen, die gerade anklopft, und sie hereinlassen.

Ich freue mich so sehr. Du auch?

TAG 40

Weißt du, wofür ich lebe?

Für diese Momente, wenn wir
uns in die Augen sehen und genau wissen,
dass wir denselben Gedanken hatten.
Für unkontrollierbare Lachanfälle,
wenn wir eigentlich
gar nicht lachen sollten.
Für Nachrichten wie „Ich muss dir was erzählen".
Für Roadtrips mit heruntergelassenen Fenstern
und lauter Musik.
Für gemütliche Abende, an denen
wir uns dumme Videos schicken,
die nur wir lustig finden.
Für Geheimnisse, die niemals
ans Tageslicht kommen werden.
Für das immer füreinander Dasein,
wenn sonst niemand da ist.
Für das gemeinsame Wachsen,
in der Freundschaft und im Leben.

Diese Freundschaft
macht einfach
alles besser.

Ich bin für immer dankbar für dich.

TAG 41

Es gibt nichts, was ich mehr will, als den Rest meines Lebens damit zu verbringen, mit dir zu lachen.

TAG 42

Du hast so viele Stürme überstanden, um jetzt diesen negativen Zweifeln in deinem Kopf nachzugeben. Du hast so viel durchgemacht, um dich ständig selbst zu kritisieren. Du bist viel zu wichtig, um das Potenzial, das vor dir liegt, zu übersehen.

TAG 43

Lass uns gemeinsam die Stille genießen, verloren in den Seiten unserer Bücher. Lass uns in fantastische Welten eintauchen und über alternative Realitäten nachdenken, während wir unsere Gedanken und Träume miteinander teilen. Lass uns über Charaktere und ihre Geschichten sprechen, während wir in unseren eigenen Erfahrungen Ähnlichkeiten finden.

TAG 44

Versprich mir eines:

Lass niemals zu, dass Angst deine Entscheidungen trifft.

TAG 45

Schon ein einziger Blick auf dich verrät den
Menschen, dass du ein wunderschönes Herz hast.
Deine Seele strahlt Wärme und Freundlichkeit aus,
und man kann das schon aus der Ferne spüren.

Du bist wortwörtlich Sonnenschein.

TAG 46

Dein Glück ist für mich das Wichtigste. Ich werde immer der beste Freund sein, der ich für dich sein kann, egal was kommt.

TAG 47

Auch nach all den Jahren bist du immer noch die einzige
Person, die mich so zum Lachen bringt.

TAG 48

So vieles hat sich verändert, seit wir uns kennen. Von persönlichen Meilensteinen bis hin zu weltweiten Ereignissen – wir haben alles gemeinsam erlebt. Das Leben ist verrückt, chaotisch und unvorhersehbar. Aber eine Sache bleibt immer konstant: unsere Freundschaft. Sie wird nur noch tiefer, stärker und schöner.

TAG 49

Wenn du diese Seite liest, verspreche mir eines: Tu heute etwas, egal wie klein oder groß, worüber sich dein zukünftiges Ich freuen wird. Mach es einfach. Zögere nicht.

to my friend, (Weiblich/feminine) german edition - freya winters

TAG 50

Unsere Freundschaft ist wie die Sonne und der Mond
– wir ergänzen uns perfekt. Unser Band erleuchtet
unser Leben, so wie die Sonne es tut, während der
Mond seine beruhigende, friedvolle Präsenz schenkt,
die uns in dunklen Zeiten Trost und Geborgenheit
gibt. Du bist die Sonne, und ich bin der Mond.

Diese Freundschaft ist für die Ewigkeit.

to my friend, (Weiblich/feminine) german edition - freya winters

TAG 51

Als wir uns zum ersten Mal trafen, hatte ich sofort das
Gefühl, dass da etwas Besonderes zwischen uns ist. Wir haben
sofort harmoniert. Es war weder seltsam noch unangenehm,
es hat sich einfach richtig angefühlt. Es war, als hätten zwei
verlorene Puzzleteile endlich ihren Platz gefunden. In diesem
Moment wusste ich, dass unsere Verbindung wachsen und
etwas Lebensveränderndes werden würde.

to my friend, (Weiblich/feminine) german edition - freya winters

TAG 52

Danke für die harte, aber notwendige Liebe. Ich meine das ernst. Ich bin dankbar für die Zeiten, in denen du mir das gesagt hast, was ich nicht hören wollte, aber hören musste. Deine Freundschaft hat mich gelehrt, starke Grenzen zu setzen und sie zu wahren. Sie hat mir gezeigt, wie ich rote Fahnen erkenne und vermeide. Sie hat mich ermutigt, groß zu träumen und noch Größeres zu erreichen. Am wichtigsten ist, dass sie mir beigebracht hat, dass ich bedingungslose Liebe verdiene – von mir selbst und von den Menschen um mich herum. Diese Freundschaft hat mir mehr beigebracht, als ich in einem Buch festhalten könnte, und ich könnte nicht dankbarer sein.

TAG 53

Ich weiß nicht, wie du dich fühlst, während du diese Zeilen liest, aber ich hoffe, dass dir heute etwas Wundervolles widerfährt. Du verdienst so viel Schönes im Leben.

TAG 54

Du bist einer dieser Menschen, die das
Leben allein durch ihre Anwesenheit besser
machen. Jeder Raum wird heller, wenn du
ihn betrittst, und deine Seele inspiriert die
Menschen um dich herum.

Du bist einfach großartig.

TAG 55

Mit uns ist nie etwas unangenehm, wirklich nie. Ich liebe es, dass wir einfach wir selbst sein können, über alles reden und dabei stets entspannt und locker bleiben.

Das ist für mich der Beweis, dass unsere Verbindung etwas ganz Besonderes ist.

TAG 56

Ich möchte, dass du weißt, dass es bei mir keinen Druck gibt. Ich bin ein pflegeleichter Freund, der dich mit Liebe, Fürsorge und Wertschätzung begleitet. Ich werde immer deinen Raum und deine Grenzen respektieren und mit dir so lange lachen, bis uns die Bäuche wehtun. Ich werde immer für dich da sein, wann immer du mich brauchst, und dein Freund bleiben, solange du mich in deinem Leben willst.

TAG 57

Egal welchen Weg du gehst, wohin dich das Leben führt – ich werde immer für dich da sein. Ich möchte von deinen Abenteuern hören, über deine schlechten Witze lachen und sehen, wie du zu der Person heranwächst, von der ich immer wusste, dass du es sein wirst. Ich bin so stolz auf dich.

Ich kann es kaum erwarten, zu sehen, was das Leben für dich bereithält.

TAG 58

Dich kennenzulernen war, als hätte ich endlich
ein Lied gefunden, dessen Titel mir jahrelang auf
der Zunge lag. Es fühlte sich sofort vertraut und
richtig an. Da war all die Zeit ein du-förmiges
Loch, und jetzt, da du da bist, fühle ich mich
wieder vollständig.

Ich bin so glücklich, meine Seelenfreundin
gefunden zu haben.

TAG 59

Du bist einer der wenigen Menschen auf dieser Welt, die mich wirklich verstehen. Ich könnte nicht mal ein Pokerface aufsetzen, wenn ich wollte – du durchschaust mich sofort.

Es mag ein Klischee sein, aber es stimmt: Manchmal glaube ich, du kennst mich besser als ich mich selbst.

TAG 60

Es spielt keine Rolle, wie spät es ist, wie weit
wir voneinander entfernt sind oder wie lange
wir nicht gesprochen haben – ich bin immer für
dich da. Du kannst mich jederzeit anrufen, mir
schreiben oder vor meiner Haustür stehen, egal
bei welchem Wetter. Ich bin für dich da.

TAG 61

In deiner Nähe fühle ich mich aufgeladen.
Deine Energie ist erfrischend und belebend –
eine wahre Kraft für das Gute.

to my friend, (Weiblich/feminine) german edition - freya winters

TAG 62

Ich trage so viel von dir in meinem Herzen. Jedes Mal, wenn du etwas erreichst, spüre ich es in meinen Knochen. Wenn du verletzt bist, fühle ich es in meiner Seele. Und wenn du lachst, hebt sich mein Geist mit dir.

Dein Glück ist mein Glück.

TAG 63

Was wäre das absolut Beste, was passieren könnte?
Was würde dich völlig umhauen und deine Welt auf die
bestmögliche Weise verändern?

Was, wenn alles besser ausgeht, als du es dir je hättest vorstellen
können?

Was, wenn tatsächlich alles in Ordnung ist?

TAG 64

Ich liebe, zu welchen Menschen wir uns entwickelt haben. Ich liebe uns dafür, dass wir an uns selbst gearbeitet und unser Leben verbessert haben. Ich bin so stolz auf uns, dass wir durchgehalten und so viel mehr erreicht haben, als wir uns je vorgenommen haben. Es fühlt sich so gut an, endlich wieder tief durchatmen zu können. Wir machen das richtig gut.

Lass uns weitermachen und weiterhin alles rocken.

TAG 65

In jeder existierenden Dimension würde ich dich
wieder als meine beste Freundin wählen. Du weißt,
wie es ist, wenn man ein Lied findet, das einfach
perfekt ist? Oder ein Restaurant, das genau dein
Lieblingsgericht zubereitet? Wenn alles genau passt?
So fühlt es sich mit dir an.

Es könnte nicht besser sein.

TAG 66

Wiederhole diese Affirmationen:

Ich bin es wert. Ich bin genug.
Ich war es immer, und ich werde es immer sein.
Ich bin stolz auf die Person, die ich bin,
und auf die, die ich werde.
Mein emotionaler Zustand ist ausgeglichen.
Mein Geist ist frei von allem Lärm.
Mein Herz ist offen für Wachstum und bedingungslose Liebe.

TAG 67

In jeder Ecke dieser Freundschaft steckt unendliche Liebe.
Wohin ich auch schaue, wenn ich an uns denke, finde ich alles,
was ich mir je gewünscht habe.
Ich habe so ein Glück.

TAG 68

Du bist nicht nur eine Freundin, sondern die Freundin, mit der ich über alles reden kann. Die Freundin, die bei jedem Wetter für eine gute Zeit zu haben ist. Die Freundin, die mir zuhört, wenn ich niemanden sonst habe. Die Freundin, die mich zum Lachen bringt, selbst wenn mir nicht danach ist. Die Freundin, die um 3 Uhr morgens zu mir kommen würde, wenn ich sie brauche. Die Freundin, die in einem Raum voller Kritiker immer auf meiner Seite steht.

Das Einzige, womit ich dir danken kann, ist zu versuchen, genau diese Freundschaft zu erwidern.

TAG 69

Du bist der bodenständigste, authentischste,
ehrlichste, gütigste, großzügigste,
vertrauenswürdigste, lebensfrohe, aufregendste und
fürsorglichste Mensch, den ich je getroffen habe.
Und das meine ich von Herzen.

TAG 70

Alles, wirklich alles, hat sich verbessert,
seit du in mein Leben getreten bist.

TAG 71

Es ist absolut in Ordnung, sich manchmal ein wenig verloren zu fühlen – solange du dir bewusst machst, dass es nicht für immer so bleibt.

Es ist nie für immer.

TAG 72

Eines der Dinge, die ich am meisten an dir
liebe, ist, wie treu du dir selbst bleibst. Du bist
so authentisch, dass niemand jemals an deiner
Aufrichtigkeit zweifeln könnte. Deine Echtheit
wird dir weiterhin den Weg in eine wunderbare
Zukunft ebnen, und ich wünsche mir nichts mehr,
als dass du deine Träume lebst.
Bleib einfach du selbst.

TAG 73

Danke, dass du nie einfach verschwunden bist. Danke, dass du nicht gegangen bist, als es schwierig wurde. Als ich mitten in meinem Schmerz steckte, bist du geblieben. Du hast mir gezeigt, dass ich Fürsorge und Freundlichkeit verdiene, selbst in meinen dunkelsten Momenten.

Ich werde nie vergessen, was du für mich getan hast.

to my friend, (Weiblich/feminine) german edition - freya winters

TAG 74

Du bist die Verkörperung von Sonnenschein.

TAG 75

Ich war nicht auf der Suche, als ich dich fand, und genau deshalb weiß ich, dass unsere Freundschaft Schicksal ist. Es war vorherbestimmt. Das Leben hat mich zur richtigen Zeit zu dir geführt, ohne dass ich es geplant hätte. Es war das Beste, was hätte passieren können. Perfektes Timing. Ich bin unendlich dankbar.

TAG 76

Es ist schwer zu glauben, dass wir uns einmal fremd waren. Wir hätten uns einfach auf der Straße übersehen können, ohne zu wissen, wie stark unsere Verbindung sein könnte.

Wie anders wäre unser Leben wohl?

TAG 77

Es ist unglaublich, wie viel Glück ich habe, eine Freundin wie dich zu haben, die ich jeden Tag mehr und mehr schätze.

Ich habe den Freundschafts-Jackpot gleich zehnmal gewonnen – mit dir.

TAG 78

Vergib dir selbst für deine Fehler. Halte nicht an den
Dingen fest, die du in schwierigen Zeiten getan hast.
Lass niemals zu, dass dich Schuldgefühle überwältigen
– sie helfen niemandem. Du bist es wert, dir selbst zu
vergeben und dich nicht zurückzuhalten. Es gibt noch
so viel, was du in dieser Welt genießen kannst.

TAG 79

Wir beide sind so sehr gewachsen. Das Schönste daran ist, dass wir uns auf diesem Weg immer begleitet haben. Ich liebe jede Version von uns, die wir im Laufe der Jahre waren, und ich freue mich darauf, wohin unser Wachstum uns noch führen wird.

to my friend, (Weiblich/feminine) german edition - freya winters

TAG 80

Ich wünschte, du könntest dich durch meine
Augen sehen. Vielleicht würdest du dann
erkennen, was für ein starker, unabhängiger,
aufgeschlossener und wunderschöner Mensch
du wirklich bist. Ich werde dich für immer
bewundern.

TAG 81

Danke, dass du mir erlaubst, in deiner Nähe ganz ich selbst zu sein. Du machst mein inneres Kind glücklicher als je zuvor.

to my friend, (Weiblich/feminine) german edition - freya winters

TAG 82

Freunde wie du sind wirklich selten. Ich habe das Gefühl, mein ganzes Leben darauf gewartet zu haben, jemanden zu finden, mit dem ich auf einer Wellenlänge bin, dem ich vollkommen vertrauen kann, und mit dem ich einfach nichts tun kann. Unsere Freundschaft ist einzigartig.

Wie haben so ein Glück!

TAG 83

Du bist unglaublich. Du schaffst es, mich an meinen härtesten Tagen aufzumuntern. Du bringst mich dazu, über Dinge zu lachen, die eigentlich gar nicht lustig sind. Du gibst mir die Motivation, wieder aufzustehen, wenn ich das Gefühl habe, dass die Welt mich verschlingt. Und du inspirierst mich, nach mehr zu streben. Danke, dass du mir gezeigt hast, wie man ein besserer Mensch wird. Du hast mein Leben auf die bestmögliche Weise verändert.

TAG 84

Danke, dass du eine echte Freundin bist. Auch wenn es schwer zu hören war, bin ich froh, dass du mir immer die Wahrheit gesagt hast, wenn ich einen Realitätscheck brauchte. In schwierigen Zeiten hast du mich wieder auf den Boden der Tatsachen zurückgeholt – dafür werde ich dir immer dankbar sein.

Deine ehrliche Liebe war unbezahlbar.

TAG 85

Das Besondere an dir ist, dass du das Leben einfach besser machst. Ich weiß nicht, wie du das machst, aber in deiner Nähe fühlt sich alles leichter an. Deine Energie ist ansteckend, auf die bestmögliche Weise. Es gibt nicht viel, was ich mehr liebe, als Zeit mit dir zu verbringen und dich meine beste Freundin zu nennen. Danke, dass du so wundervoll bist.

TAG 86

Es spielt keine Rolle, wie lange wir getrennt sind – unsere
Freundschaft ist so felsenfest, dass es sich immer so anfühlen
wird, als wäre keine Zeit vergangen. Egal, ob Monate, Jahre
oder ein ganzes Jahrhundert vergehen.

Diese Bindung ist unzertrennlich.
Und ich würde es nicht anders haben wollen.

to my friend, (Weiblich/feminine) german edition - freya winters

TAG 87

Deine Freundschaft bedeutet mir wirklich alles.

TAG 88

Danke, dass du mich so akzeptierst, wie ich bin. Danke, dass ich in deiner Nähe ich selbst sein kann, ohne verurteilt zu werden. Und danke, dass du die beste Freundin bist, die man sich nur wünschen kann.

TAG 89

Du warst über all die Jahre eine so starke Konstante in meinem Leben. Während das Leben mich hin und her geworfen und mich manchmal vom Kurs abgebracht hat, hast du mich immer wieder neu ausgerichtet. Ohne dich wäre ich verloren – und selbst wenn ich mich doch mal verirre, weiß ich, dass ich den Weg immer zu dir zurückfinden würde.

TAG 90

Meine liebe Freundin, lass uns gemeinsam wachsen. Lass uns gemeinsam heilen. Lass uns die Welt in all ihren verrückten und wunderbaren Facetten erleben. Lass uns immer wieder über Dinge lachen, die nur wir witzig finden. Lass uns schlechte Filme schauen und die besten Charaktere zu unseren neuen Persönlichkeiten für den Tag machen. Lass uns gemeinsam träumen, einander vertrauen und das Leben gemeinsam genießen.

Es gibt nichts auf dieser Welt, was ich mehr liebe, als das Leben mit dir zu erleben.

to my friend, (Weiblich/feminine) german edition - freya winters

TAG 91

Die Wahrheit ist, es gibt nicht genug Platz in
meinem Herzen oder Worte in meinem Kopf, um
auszudrücken, wie sehr ich dich wirklich schätze.
Nichts könnte dem je gerecht werden.

to my friend, (Weiblich/feminine) german edition - freya winters

TAG 92

Danke für all die Male, in denen du mir deine Schulter
zum Ausweinen gegeben hast, für die Momente, in denen
du mich beruhigt hast, dass alles gut wird, und für die
Ratschläge, die ich vielleicht nicht hören wollte, aber
unbedingt brauchte. Danke, dass du so eine gute und
verständnisvolle Freundin bist. Du bist einzigartig, und
ich meine das mit jeder Faser meines Seins.

to my friend, (Weiblich/feminine) german edition - freya winters

TAG 93

Unsere Freundschaft ist der Inbegriff von Gesundheit. Sie hat mir unbezahlbare Lektionen über Liebe beigebracht – wie man sie gibt und empfängt. Sie hat mir gezeigt, dass ich Respekt und Freundlichkeit im Überfluss verdiene, und das ist jetzt ein fester Bestandteil meines Lebens.

Meine Ansprüche sind gestiegen, und das alles dank dir.

TAG 94

Du hast mir bewiesen, dass Seelenverwandte wirklich existieren, und dass sie nicht nur in romantischen Beziehungen vorkommen. Sie finden sich auch in tiefen, platonischen Verbindungen, die nur darauf warten, entdeckt zu werden. Du bist meine Seelenverwandte, meine beste Freundin und mein Lieblingsmensch auf dieser Welt.

TAG 95

Diese Freundschaft hat mir gezeigt, wie ich
mich wieder ins Leben verlieben kann.

TAG 96

Ich hoffe, dass dieses Kapitel deines Lebens sich wirklich gut anfühlt. Ich hoffe, dass die kommenden Monate voller Fülle, Wohlstand, Gesundheit, Chancen, Wachstum und Heilung sind. Ich hoffe, dass all deine Träume in Erfüllung gehen und dass sie sich in etwas verwandeln, das du dir jetzt noch nicht mal vorstellen kannst.

TAG 97

Ich bin so glücklich sagen zu können, dass dies eine Freundschaft ist, in der wir beide wachsen, lernen, uns anpassen, weiterentwickeln und aufblühen. Wir tun das alles zusammen, und dafür werde ich für immer dankbar sein.

Eine Freundin wie dich zu haben, ist lebensverändernd.

TAG 98

Mein Lieblingsort auf der Welt ist immer da,
wo ich bin, wenn wir zusammen sind.

TAG 99

Versprich mir, dass du dich niemals mit weniger
zufriedengibst, als du verdienst.

to my friend, (Weiblich/feminine) german edition - freya winters

TAG 100

Nun, da wir am Ende dieses Buches angekommen sind, möchte ich, dass du wirklich verstehst, wie tief du geliebt und geschätzt wirst. Deine Anwesenheit in meinem Leben bedeutet mir alles, und ich werde nie aufhören, meine Dankbarkeit für unsere Freundschaft auszudrücken. Du bist ein unverzichtbarer Teil meiner Wahlfamilie geworden, und egal, wohin unser Weg uns führt, du wirst immer einen besonderen Platz in meinem Herzen haben.

Ich hab dich unendlich lieb.

www.ingramcontent.com/pod-product-compliance
Lightning Source LLC
Chambersburg PA
CBHW032345140425
25140CB00007B/263